EL UNIVERSO DE LAS BELLAS PALABRAS QUE SE BUSCAN

EL UNIVERSO DE LAS BELLAS PALABRAS QUE SE BUSCAN

Gwillermo Cánovas Vilanova

SAVONAK & NECIV

ISBN: 978-84-09-37836-4

Depósito Legal: V-302-2022

Portada: Alejandro Cánovas Pérez

Email: gcanovasvilanova@gmail.com

"Si tu fueras la única persona que me recordara por mis rimas, habría valido la pena el viaje."

Para ti lector

De un bello reto nació este libro
y en soledad creció en el tiempo,

viajando perdidas del Universo
las palabras se fueron buscando,

traídas por vientos del infinito
con buena música se afinaron,

naciendo frases entre poemas
que hoy en tus manos entrego.

Deseando encuentres su belleza
pues trocitos de Corazón llevan.

"Abre la puerta y asómate a este pequeño Universo,
donde una fiesta de palabras se celebra en tu honor,
recitándose rimas que te harán viajar en el tiempo."

"La música es el único transporte gratuito para viajar a los sueños."

"El simple hecho de levantarte un día por el otro lado de la cama, te hará descubrir un mundo que desconocías."

"Solo cuando no le des importancia a las cosas que haces por los demás, recibirás de ellos mucho más de lo que diste."

"Nunca veras nada tan valioso, como el reflejo de tu figura en un espejo."

"El silencio siempre te habla con la educación de quien se siente escuchado."

"Nunca sacó un conejo de la chistera, quizás fuera porque no era mago, no tenía chistera ni tampoco conejo, pero en eso consistía su truco."

"Una sonrisa tiene el efecto de un boomerang. Cuando se la lances a alguien siempre te vendrá devuelta."

"Nunca dejes que una cosa que no te gusta se convierta en la primera ficha de dominó que caiga arrastrando al resto."

“Vivimos tan acelerados que a veces no prestamos atención a esas sonrisas desconocidas que nos regalan.”

“El haber nacido, es el único regalo que tendrás que agradecer durante toda la vida.”

“Si intentas cambiar de tu pareja esas cosas que no te gustan, terminaras viviendo con un desconocido.”

“Las pulsaciones son el único segundero en el reloj de tu vida que nunca querrás que se detenga.”

"El tiempo que tardes en tomar una decisión te pertenece, pero ten siempre en cuenta que el tiempo de espera de los demás nunca será tuyo."

"Cuántas cosas que queremos dejamos ir, sólo por estar atrapados dentro de un orgullo que nos envenena sin darnos cuenta."

"El atrevimiento es la cualidad que marca la diferencia entre volar o mantenerse en tierra firme."

"El día que dejes de perseguir un sueño, éste se pondrá a bailar para volver a llamar tu atención."

"Si la tierra fuera cuadrada, los gobiernos jugarían con ella a resolver el cubo de Rubik."

"Un libro cuenta la historia que alguien tenía dentro de su cabeza, pero cómo llego hasta allí es el gran misterio."

"Le gustaba tanto bailar a solas, que el día que paró se dio cuenta que la persona que tanto quería se había ido a pasear."

"Un día los científicos descubrirán que no es el Sol lo que hace brillar la tierra y sí las personas como tú. "

"Podemos mirar hacia otro lado y pensar que somos ajenos a las cosas horribles que suceden en el Mundo, pero un día la corriente puede cambiar y romper en pedazos nuestro escondite."

"El que llueva cada vez más de forma descontrolada es un aviso para tratar bien la tierra, porque en el fondo todos tenemos derecho a llorar cuando nos hacen daño."

"Todos nacemos programados para ser muy buenos en algo, pero la mayoría de la gente muere sin haber descubierto ese algo."

"El móvil nos ha quitado la soledad, lástima que junto a ella se haya llevado nuestra libertad."

"Un mensaje arrojado al mar en una botella, es una situación igual de desesperada que tener que beberte una botella para darle a alguien un mensaje."

"Los que ansían saber sobre la vida de los demás, tienen un verdadero problema de aburrimiento."

"La distancia más corta entre dos puntos no es una recta y si una mirada."

"Hablaba tanto que un día se quedó afónico y murió en silencio. Ese día por fin la gente pudo hablar y lo hizo de él."

"Confía en las personas, porque si un día desaparece la fuerza de gravedad, tendrás que vivir cogido a ellas."

"Si crees que has perdido el tren de tu vida, no esperes en la estación y vete al aeropuerto que seguro que allí encontrarás el avión de tu vida."

"Si no dices lo que sientes en el momento que lo piensas, ya nunca podrás decirlo con la misma intensidad."

"Tienes un silencio tan bonito, que estoy atrapado dentro de su eco."

"Veo poco a mis amigos, sin embargo, me acompañan a todos los sitios."

"La Vida es un regalo que viene con guión. No importa las decisiones que tomes ni los caminos que elijas, en el fondo siempre estarás viviendo la vida que elegiste antes de nacer."

"Saber hacer castillos con naipes te convalida la carrera de arquitectura en la rama de casas prefabricadas."

"Una frase con sentido es una terapia que tiene que hacer que te replantees muchas cosas de la vida."

"Si te pasas la vida observando a la gente, un día tendrías que enseñar lo bueno que de ellos aprendiste, ya que de lo contrario sólo habrás visto pasar el tiempo."

"Si copiaras en ti la cualidad que más valoras de cada una de las personas que te rodea, pintarías de bellos colores el mundo que te rodea."

"Nunca gustarás a todo el mundo, por mucho tiempo que dediques a combinar tus prendas frente a un espejo."

"Si quieres encontrar el amor sólo tienes que disfrutar de la vida para que él se sienta atraído."

"Si nunca eres capaz de medir tus palabras, no esperes que con el tiempo te sigan midiendo tus perdones."

"Conozco a tanta gente que habla sin sentido, que tendríamos que darle mucha importancia a nuestros silencios."

Un sueño en el tiempo

A través de la ventana una tempestad rompía en pedazos el cielo, iluminando a ráfagas con sus relámpagos unas parras que parecían desfilar al compás de los truenos.

Cerró los ojos y el aroma del Brandy de Jerez en su copa, le transportó a ese primer día donde vio como el Sol pintaba de mágicos colores las viñas, mientras paseando descalzo entre ellas sentía el abrazo de una tierra que le hablaba.

Un sorbo fue suficiente para sentir el calor de unas generaciones que dedicaron su tiempo en familia a lo que más amaban, que no era otra cosa que disfrutar de la vida y de su pasión por la tierra.

Al abrirlos de nuevo, la tormenta había cesado asomando un rayo de Sol entre las nubes, convirtiendo sus lágrimas en diamantes cristalinos de caoba y ámbar.

"Si te levantas triste por las mañanas, los días serán más largos pero tu vida más corta."

"Escribir un libro depende de una combinación que pocas personas poseen, ya que en el fondo todos conocemos el significado de las palabras que lo componen."

"Si te bombardeas todos los días con pensamientos positivos construirás un bunker que te protegerá de todo lo negativo que hay a tu alrededor."

"El otoño es la única estación del año en la que verás caer las hojas del calendario."

"Si al acostarte recuerdas una cosa bonita que te haya sucedido durante el día, siempre te despertarás con una sonrisa."

"Lo más cerca que estarás de una Estrella, si vas dando saltos por la Vida, será cuando te estrelles."

"La Vida pasa tan rápido que tienes que estar ágil para correr junto a esas pequeñas cosas que deseas que te acompañen hasta el final."

"Asomado a una ventana sólo podrás ver cómo cambia el tiempo, pero si te asomas al mundo verás como te cambia la vida."

"Nunca te sientas hundido porque algo no te sale bien, simplemente piensa en lo bueno que eres haciendo otras cosa s."

"Cuando sabes que has encontrado lo que buscabas, no te detengas, y sigue buscando cada día la forma de conservarlo."

"Sabía que ese Amor me mataría, pero era tan bonito, que cada día me presentaba voluntario para vivirlo."

"Nunca me importó perder, en el fondo sabía que siempre lo daba todo por ganar."

"La mayoría de las cosas no se cambian porque nos hicieron pensar que no se podían cambiar, pero no es cierto, en el fondo hay mucha gente que desde el miedo intenta controlarnos sólo en su propio beneficio."

"Puedes sentirte mal por no contestar un WhatsApp, pero mucho peor te sentirás cuando veas que dejan de escribirte."

"Estoy seguro que si intentas conocer a esa persona que tan mal te cae, terminarás encontrando en ella algo que te gusta."

"Nunca deberías huir y sí afrontar algo que te hace daño, ya que aunque pienses que lo dejas atrás, ese problema escondido siempre te acompañará esperando su momento."

"Si eres una buena persona, el equivocarte nunca debe ser motivo para sentirte hundido, y sí para empezar de nuevo con la lección aprendida."

"Me pasé la vida afinando una guitarra que no sabía tocar, mientras escuchaba los aplausos de un público invisible que me adoraba."

"No pretendas poner a todo el mundo de acuerdo, cuando hay personas que ni siquiera son capaces de aguantarse a sí mismas."

"Fumar equivale a estar metido dentro de un incendio, con la única diferencia de que nunca te quemarás el envoltorio."

"La afirmación de que todos al nacer somos iguales sólo dura un llanto."

"Si de verdad queremos atraer vida extraterrestre a la tierra, tendríamos que hacer del mundo un lugar más atractivo."

"El único acertijo que resolverás una vez muerto, será saber el tiempo de vida que te concedieron antes de nacer."

"La pobreza está haciendo que gente buena se plantee cada día cómo sería su vida si fuera mala. "

"La inspiración no es gratuita, ya que tienes que dedicarle un tiempo que le restas al ocio."

El premio

Que todo vuelva a ser como antes de oír hablar de aquel premio. Era lo que siempre había soñado y durante años fue mi máxima obsesión, dedicando cada segundo de mi vida hasta conseguirlo.

En mi empeño perdí a una mujer maravillosa, unos hijos que no vi crecer y que hoy apenas quieren verme, y unos amigos que se alejaron sin consuelo.

Con el dinero del premio pagué mi separación y el alquiler del piso donde vivo en soledad. Cada día miro una placa con mi nombre en una estantería junto a la foto de mi familia, recordando lo que gané y el alto precio que pagué.

"Recuperar el Norte sería más fácil si no existiera el Sur, Este y Oeste."

"La vida es un continuo aprendizaje, donde los sentimientos te harán suspender lecciones que conocías."

"Si en el Amor dejamos que nuestra cabeza piense a cada momento, nos perderemos las bellas locuras que se hacen sin sentido."

"Si bailas todos los días frente a un espejo, terminarás dentro de aquellas películas que tímidamente te hicieron mover los pies en el cine."

“La belleza de una persona reside en aquellas cosas bonitas que sientes cuando piensas en ella.”

“Nunca esperes de una persona impuntual, que termine un trabajo en el plazo estipulado.”

“Si no fuera importante avanzar en la vida, no caminaríamos hacia delante.”

“Mientras las personas buenas sean mayoría en el mundo, el Sol seguirá regalándonos su luz.”

"La vida pasa a una velocidad que si nos detenemos para coger aire, estaremos respirando el ayer."

"Hacer una voltereta crea la adicción de poner tu vida del revés sin que pase nada."

"Lo que quieras ser de joven te acompañará toda la vida, lo que termines siendo de mayor, a no ser que coincida, nunca te acompañará."

"Las corbatas se pueden encontrar en la sección de complementos, por eso la gente con personalidad no necesita llevarlas."

“El éxito es un estado pasajero, a no ser que trabajes cada día para conservarlo.”

“Un escalador es como un lector, ninguno sabe que va a encontrar detrás del paisaje que está mirando.”

“El azar y la suerte nos ayudan a diario a esquivar aquellos peligros anónimos que pasan rozándonos.”

“Los números, las letras y las personas, adquieren su verdadero valor cuando se combinan entre ellas.”

"Nunca descubras todas tus cartas frente a un desconocido, si antes no te has guardado un comodín en la manga."

"Si le robas minutos a la noche para escribir, vivirás historias que te hagan soñar despierto."

"Si eres capaz de diseñar cada mañana un bonito saludo, la gente terminará desviándose de su camino sólo para escuchar tus buenos días."

"El equilibro perfecto consiste en leer de pie un libro sin caerte."

"Hay que empezar mil cosas diferentes, pero sólo terminar aquellas que descubras que te gustan."

"Las personas que valoran lo que tienen, por poco que sea, son más felices que las que tienen mucho y sólo ansían tener más."

"El dormir y el parpadear representan la parte de nuestra vida dedicada a vivir en la oscuridad."

"Nunca podrás volar, por mucho que tengas la cabeza llena de pajaritos."

“Tengo libros en la estantería que nunca he leído, otros que no he terminado, y algunos que nunca volveré a leer, sin embargo junto a ellos, hay otras historias donde me hubiera gustado ser el protagonista, moverme a través del tiempo y vivir sus increíbles aventuras.”

"El cocinero, es el único ingrediente de cualquier plato que nunca podrás copiar."

"De un buen actor nunca sabremos si su vida personal es real o sólo una interpretación más."

"Si todos los habitantes de la tierra pudiéramos volar, nos cobrarían por atravesar las nubes."

"Eres feliz cuando al despertarte cada mañana y asomarte a la ventana, ves el cielo pintado del color de tus sueños."

"Leer a diario es el único método para no quedarte callado en cualquier conversación."

"Tardamos tanto en elegir nuestro próximo paso, que cuando lo hacemos, el camino ha cambiado."

"Es difícil defender que somos los mismos cuando todo lo que nos rodea no deja de cambiar."

"La única razón cierta para cualquier cosa, es la formada por sus distintos puntos de vista."

"No deberías cruzar un rio si no sabes nadar, a no ser que lo hagas por encima de un puente y en un día sin terremotos."

"Hace más de cincuenta años que el hombre pisó la luna, y todavía sigo esperando saber en qué me benefició."

"Estamos tan necesitados de bonitas historias que, cuando escuchamos "Erase una vez ¡", nuestros ojos brillan de la emoción."

"Siempre tienes que respetar el brillo de cualquier persona para evitar descubrir su lado oscuro."

“Existen dos tipos de personas, las que generan luz y las que necesitan ser alumbradas.”

“La almohada es la única pareja perfecta para dormir entre sueños.”

“Cuando menor sea tu nivel de baile, mayor será el de tus risas.”

“Si girara sobre mis pies cien vueltas, perdería el equilibrio que me llevó a esa baldosa.”

Un sendero brillaba en el asfalto

La ciudad del Amor parecía no ser distinta a otras, bullicio en sus mercados, conversaciones en las calles y un Sol que iluminaba a ratos sus escaparates. Coches que iban y venían, gente que corría sin tiempo y un desconocido que cada día se detenía en una floristería.

Cuando caía la noche y el silencio se adueñaba de sus rincones, unos tacones lejanos parecían huir en busca de un sueño.

Una mirada de tranquilidad, una sonrisa de complicidad y un abrazo que liberaba un fuego que desaparecía con la llegada de un nuevo amanecer, donde las prisas delataban lo prohibido.

“Si subes de espaldas unas escaleras, tu naturalidad se perderá entre los escalones.”

“Los que comen despacio se aseguran comer menos cantidad, a cambio de consumir más tiempo de su vida.”

“Un bonito amacrecer es ver salir el Sol cada día de tu vida.”

“El día que venzas al QUE DIRAN serás libre para mostrarle al mundo quién eres:”

"Hay gente que solo valoraría la belleza de la Tierra si viviera en la Luna y la contemplara a lo lejos cada noche."

"El único requisito imprescindible para ser artista es que lo traigas contigo al nacer."

"El hecho de que por cada verdad existan cientos de mentiras, hace que al final no sepas distinguirla."

"No es justo quejarnos por estar confinados en casa, cuando hay miles de personas sintecho."

"Si le prestas atención al silencio terminarás escuchando lo que tu mente te sugiera."

"La música solo amansa a las fieras que de pequeñas no fueron torturadas con ella."

"Una moneda tiene tres caras. Dos que giran por el aire y una tercera que la sigue con la mirada."

"Es imposible que tengas siempre la razón, por eso nunca te fíes de quien siempre te la da. "

“Luchar a muerte por un imposible, es el lado más romántico de un guerrero.”

“El hecho de decir que lo era de objetos invisibles, nunca le a yudó en su carrera de malabarista.”

“Cuando llamamos secreto a algo que nadie sabe que existe, estamos dando pistas de su existencia.”

“Conozco a personas tan raras, que me hace pensar que hay vida extraterrestre entre nosotros.”

"Tengo dos razones para despertar cada mañana y sonreír, una de ellas es que sigo vivo y la otra es que voy a disfrutar de ese día como si fuera el ultimo."

"La música es a una canción lo que la rima a un poema, ambas marcan el ritmo."

"Hay sueños tan difíciles de alcanzar que desaparecen al despertar."

"Hay gente que va y viene tantas veces, que ya no sabes si te está dando la cara o la espalda."

"Si le tiendes la mano a una persona que vive encerrada en sí misma, existen muchas posibilidades de que ya nunca la suelte."

“Querer a una persona significa quererla como es y no como te gustaría que fuera.”

“Si consumes minutos de luna, tus aullidos al amanecer contagiarán la energía de la noche.”

“No sabía qué decir cuando empezó, pero de repente empezó sin haber dicho nada.”

“Frente a un espejo vemos pasar los años sin dejar de ser reconocibles.”

"No dejes que la euforia por un próximo acontecimiento, te aleje de una realidad donde a veces las cosas no salen como a uno le gustaría."

"El tiempo que tardan los perfeccionistas en terminar un trabajo, lo utiliza el resto de personas para empezar el siguiente."

"Un sonámbulo aprovecha las horas de sueño para pasear tranquilamente por su mundo."

"Le llamaron Estrella, porque al nacer vieron que tenía un brillo muy espacial."

"No deberíamos tirar la ropa que no utilizamos, ya que dentro de unos años esas prendas volverán a ser tendencia."

"La ventaja pasa a ser desventaja cuando nos creemos invencibles."

"Imaginar para luego crear, es un trabajo reservado a mentes abiertas."

"Cuando en una mirada existe amor, cualquier rareza se convierte en belleza."

“El tiempo pasa muy rápido, sin embargo, un día dura lo suficiente para que te sucedan cosas bonitas. Sólo tienes que creer en la magia de LA VIDA. “

“Un defecto en una persona es solo un mal vicio adquirido por circunstancias de la vida.”

“Hemos convertido nuestro móvil en un álbum de fotos que no somos nosotros, platos que no hemos cocinado y lugares donde no hemos estado, y sin embargo, no podemos dejar de mirarlo.”

“A veces es necesario perderse para poder encontrar lo que buscas.”

“Una sorpresa es algo inesperado que te sacará durante unos instantes de tu zona de confort.”

"Cuando juegas a ME QUIERE/NO ME QUIERE con una margarita, siempre terminarás diciendo ME QUIERE, sin importar el resultado del juego."

"El mundo no se ha vuelto loco, pero sí mucha de la gente que lo habita."

"Los planes inesperados siempre dejan más huella en el recuerdo que los planes preparados."

"Creemos que tenemos el control de todo, cuando en realidad es la Vida quien te va llevando por donde quiere."

"Aunque te empeñes en ser una persona diferente, con el tiempo terminarás siendo la misma."

"Una buena canción, un buen café, una buena conversación, un buen día,... todo es más atractivo cuando se tiene delante una buena persona o un buen amigo."

"La fuerza de las palabras no reside en gritarlas y sí en la forma de combinarlas."

"Tu opinión siempre será correcta, pero nunca te dará la razón a no ser que la defiendas con argumentos sólidos."

"Una constelación de Estrellas es una señal del Universo para enseñarnos que se brilla más en equipo."

"La brisa que mueve una persona al pasar, encierra muchas veces el aroma de su personalidad."

"Las personas que son capaces de mentir, terminan creando su propio mundo de ficción."

"La vida tiene una parte de competición, donde no todos jugamos con las mismas reglas ni optamos a los mismos premios."

INSPIRACION

A veces no sé de qué escribir sentado frente al ordenador,
esperando paso el rato mientras espero divina inspiración.

Escucho siempre las mismas canciones que repito cada vez
como un disco rayado que se queda girando por mi mente.

Qué difícil es a veces poder expresar lo que no ves llegar
mirando un tiempo que vuela a la velocidad de tu edad,

pero aquí estoy sin desfallecer dedicando minutos extras,
porque sé que alguien desde el infinito me escribe cartas.

Qué no tardarán en llegar en forma de atrevido dictado,
atento estaré para poder dibujar sus palabras en trazos.

Creo que empezaron un día enviadas con seudónimos,
Almas de escritores que ven en mí al joven que fueron,

no sé si soy merecedor de pasear tan venerado talento
pero no siento la presión y sí ganas de agradecimiento.

Sin avisar llegan entrando con sentimiento en mi persona,
para recitarlas a todos aquellos que comparten su belleza.

“Cuando tomes una decisión tienes que luchar por hacerla buena, ya que el camino que no has elegido siempre te perseguirá.”

“La lectura es la única máquina inventada para viajar en el tiempo.”

“La humildad es la cualidad que te mantiene en tus raíces sin importar el estatus que alcances.”

“Una casualidad es algo inesperado que intentas razonar para dale sentido.”

"Era tan rápido en resolver problemas, que al final se convirtió en un problema para sus compañeros."

"Tener dinero no te cambiará la vida, pero tenerlo y gastarlo seguro que lo consigue."

"A veces tenemos la sensación de que todo juega en contra, pero mañana entenderemos que en el fondo, todo estaba jugando a favor."

"La ilusión es una luz que mantienes encendida iluminando algo que deseas."

“Los valientes son aquellos que luchan por la buena gente y no por defender una bandera.”

“La sombra de cada mentira que utilices, te restará luz el resto de la vida.”

“Una aventura es un camino desconocido donde poner a prueba todas las emociones.”

“Cuanto más tiempo pienses una decisión, más opciones encontrarás para seguir pensando.”

Ajenos al destino

La ciudad que abraza. Así la llamaban los sintecho que cada noche entre cartones dejaban de sentir frio ante la presencia de personas desconocidas que, llevando ropas de abrigo y un plato de comida caliente, se acercaban para ayudarles y conversar con ellos sin importar el idioma.

Las palabras que intercambiaban alejaban toda diferencia haciendo retroceder sus vidas a ese instante donde, sin preocupaciones, jugaban en esa misma calle ajenos al destino que desconocían.

Entre historias y bajo la Luna, se quedaban dormidos compartiendo el calor de las mantas hasta el amanecer, donde del asombro inicial pasaban a una sincera sonrisa de mutuo agradecimiento.

"Era una persona tan callada, que cuando hablaba no reconocía su voz y buscaba a su alrededor."

"Si no pones de tu parte en relacionarte, es posible que termines prisionero de la soledad."

"Las personas que se enfadan por todo, terminan alejando de su vida las cosas buenas que se cruzan en su camino. "

"Hay tanto miedo a lo desconocido que preferimos quedarnos en lo conocido aunque no guste."

"Cuando tienes varias cosas que hacer, empieza por las que no te gustan para liberar a tu mente y poder disfrutar al final de las que te gustan."

"Las personas somos granitos dentro de un reloj de arena que gira señalando el paso del tiempo."

"El silencio que me acompañó de joven mientras escuchaba melodías de otros, me ha llevado hoy a componer con éxito mi propia banda sonora."

"Disfruta del amor que sientes, porque igual que no aviso para llegar, tampoco lo hará al irse."

"Las historias y aventuras siempre revolotean a nuestro alrededor intentando llamar nuestra atención."

"El éxito está en la sencillez para manejarse ante cualquier situación."

"El viento que llega por el horizonte trae siempre consigo arena de otros mundos."

"Era un libro tan malo, que ansiaba pasar sus páginas para descubrir si todavía podía ser peor."

“Un enemigo es a veces más noble que quien alardea de ser tu amigo.”

“Por muchas cosas que conozcas de una persona, sería un error pensar que lo conoces todo.”

“La mente tiene la fuerza de hacer que te sientas libre estando prisionero, y de sentirte prisionero estando libre.”

“La vida transcurre dentro de una burbuja invisible donde siempre vemos los mismos paisajes y a las mismas personas.”

"Decían que hablaba sólo, sin embargo cuando lo hacía, todo el mundo estaba pendiente de lo que decía."

"Había vivido tantas aventuras, que cuando fue a que le leyeran la mano, la vidente se perdió entre sus líneas."

"La verdadera religión solo la encontrarás a través de los es.tu.dios."

"La mente gobierna con realismo todo aquello que el corazón intenta vivir con pasión."

"Todo lo que siempre quise ser lo dejé por el camino, mientras encontraba a quien hoy soy."

"El dedicarle horas a tu huerto, no te reportará las hortalizas más ricas, pero sí las que más a gusto te comas."

"Si conocierais a mi familia, entenderíais porqué desde pequeño me convertí en un coleccionista de bellos momentos."

"Si existe un tiempo para cada cosa, y cada cosa requiere su tiempo, deberíamos llevar un reloj que marcara las cosas y no las horas."

"Las cosas que no nos gustan de nosotros pueden ser las que más les gusten a otras personas."

"Era una persona tan ordenada en su vida, que terminó viviendo a solas con su agenda."

"El nivel de cultura de una persona se mide por las horas de lectura acumuladas durante la vida."

"La vida es un puzle donde a diario encajamos piezas, sin saber las que nos quedan para completarlo."

"Las leyendas son como los libros de historia, nunca sabes lo que sucedió de verdad."

"Un libro tiene dos historias, la que lees, y la que queda en el recuerdo de cuándo y dónde lo leíste."

"Vivimos en un mundo donde solo podemos ser libres imaginando dentro de nuestra mente."

"Si te gustan mis frases tendrías que felicitar a mi madre, pues ella me transmitió la belleza de las palabras, cuando estaba en su vientre."

"No hizo falta que nadie me lo dijera, y así fue como me quedé sin saberlo."

"Si no demuestras los bellos sentimientos que tienes hacia alguien, éstos se volverán invisibles hasta desaparecer."

"Para construir una frase con sentido, tienes que entrar en un laberinto de palabras donde no siempre encuentras la salida."

"La dulzura de unas palabras, es un azúcar que se tiene que tomar en pequeñas cantidades para que nunca pierda su efecto."

"Un acento cambia la entonación de una palabra al igual que delata la procedencia de una persona."

"Una pesadilla te enseña, que incluso los sueños, no siempre terminan siendo bonitos."

"Lo que dices se lo lleva el tiempo, lo que escribes lo haces eterno."

"Nos pasamos la vida buscando lo que nos hace diferentes, cuando deberíamos potenciar todo aquello que nos hace iguales."

"Un buen dibujante es aquel que cerrando los ojos es capaz de reflejar con trazos una imagen que sólo existe en su mente."

"Nunca le lleves la contraria a quien tiene el mando, a no ser que tengas un plan para arrebatárselo."

"Una elección siempre es a cara o cruz, con independencia del valor de lo que esté en juego."

"La vida siempre es maravillosa, por mucho que haya gente que se dedique a complicarnos su existencia."

"Levantarse cada mañana intentando ser mejor persona, te llevará todas las noches a dormir en paz."

"Es mejor soñar despierto, que despertarte sin recordar lo que soñaste."

SIGUE ESPERANDO

Nunca esperes lo que está por venir porque nunca llegará,
sentado puedes dejar pasar el tiempo mirando hacia la nada,

jamás atraerás lo positivo si sólo piensas en tu mala suerte,
mirando la fortuna de otros, la envidia dejarás que te atrape,

de tristes versos se compondrán las historias que cuenten
y nadie recordará el nombre de quien su música silenció,

las nubes correrán a través de cortinas sin ningún color
silbando el viento con la fuerza de huracanes en tu ocaso.

Pero sigue esperando lo que nunca verás asomar del infinito,
el Universo nunca acercará los Sueños a quien es perezoso.

En la convicción de lo que quieres pon en marcha el camino
y sal decidido a coger aquello que envuelto espera en regalo,

verás todo fácil acompañado de Estrellas bajo el firmamento
mientras alargas la mano para acariciar tan deseado destino.

"Tenía una mirada tan enigmática que cerca de ella podías sentir el peligro a lo desconocido."

"Cuando hace tiempo que no sabes de otra persona, deberías preguntarte si durante ese tiempo has hecho algo para saber de ella."

"Deberíamos encontrar hoy nuestro sitio, y no esperar a que sea el tiempo el que lo haga."

"La ilusión es seguir saltando, como lo hacías de pequeño, intentando alcanzar las estrellas."

"Cuando un consejo es bueno, siempre quedará grabado y aprovecharás cualquier ocasión para darlo a conocer."

"Muéstrate cómo eres y el que te quiera nunca se llevará ninguna sorpresa."

"La única forma que existe para no condicionar el presente, es no pensar en el pasado ni en el futuro."

"Con muchas cosas que tenemos en casa, llenaríamos cajones de dinero malgastado."

"Un masaje es pintar un cuerpo de bellos colores a través de la energía de las manos."

"Algunas cosas que criticamos de otras personas, intentan tapar nuestra envidia al atrevimiento."

"El abecedario son notas musicales para componer frases que suenan como las partituras de una orquesta."

"Las bonitas historias que escribas, tienes que darlas a conocer para que la gente descubra la belleza de los cuentos. "

"Si nunca dejas de creer, tendrás alguna posibilidad de acariciar lo inalcanzable."

"Nunca pensé en escribir, hasta que un día me puse a escribir sin pensar."

"El silencio en una biblioteca desaparece cuando abres un libro y escuchas las voces de sus protagonistas."

"Escapar de la vida que llevas conlleva el riesgo de poder ir a peor."

Mi batalla

Vivía entre dos mundos inestables que luchaban en mí por encontrar sentido a mi situación. Uno era capitaneado con valor por una mente práctica que me empujaba con fuerza a abandonar todo aquello por lo que llevaba luchando, otro sin embargo era defendido por un corazón que latía acelerado cuando veía que todo lo que sentía no era suficiente para alcanzar lo que quería.

Los días se sucedían mientras mi estado de dudas aumentaba debilitando una ilusión que se alejaba con más fuerza.

Pero todo cambió en un breve instante donde entendí que mi mente nunca podría vivir sin corazón y que este último necesitaba el equilibrio de su mente para no ser solo un loco soñador.

A partir de entonces mis dos mundos se unieron, mostrándome un sendero donde siempre brilla el Sol, aunque a veces lo haga escondido detrás de las nubes.

"Cuando le das demasiada importancia a una cosa, terminas siendo su prisionero."

"Es mejor un fracaso vivido con pasión, que un triunfo indistinto."

"Las poesías que no se entienden, pierden su belleza para convertirse en aburridos acertijos."

"El casi, es el gris que te salvará del blanco de siempre, y el negro del nunca."

"Vivimos en un mundo donde un trébol de cuatro hojas ha alcanzado más valor que una rosa."

"Cuando escribimos poesía trazamos ríos con tinta que desembocan en bellos océanos."

"El problema de escribir historias que no has vivido, reside en narrar sentimientos que sólo hubieras conocido siendo el protagonista."

"El más insignificante detalle que tengas con una persona, te convertirá en alguien inolvidable."

"Cuando alguien ordena mentir, está creando sin saberlo un manda.miento."

"Los gestos dicen más de un ponente que las propias palabras que forman su discurso."

"La mayoría de la gente cuando crece, está más cerca del mendigo que del príncipe."

"Los versos nacidos en noches solitarias, delatan la intimidad de su autor."

“La familia es un tesoro de valor incalculable, que descubrirás al nacer y te acompañará toda la vida.”

“El horizonte nos muestra cada día su belleza, desde una lejanía inalcanzable.”

“No debemos pensar en lo que quisimos ser, y sí hacerlo en lo que queremos ser.”

“Las personas que son muy transparentes pierden el interés de ser descubiertas.”

EL ESCRITOR DE HADAS

Hoy he madrugado llamado por Hadas
que querían dictarme versos al amanecer.

Con el aroma y sabor de un buen café
intento abrir mis ojos a un nuevo día,

el silencio se rompe a través de la ciudad
que lentamente me acaricia con su brisa,

los pájaros todavía no pian en los árboles,
ni el Sol enseña su calor desde la lejanía.

Aquí me encuentro esperando una señal
en compañía de bellas melodías de Soul.

Queridas Hadas estoy preparado i
Susurradme al oído.

Y yo seré por un día vuestro cómplice.

“El amor es tan grande que empequeñece aquellas diferencias que terminan siendo invisibles.”

“La primera vez que la vi, el paisaje que formaban sus rasgos se convirtió en mi lugar favorito.”

“Dar un consejo a alguien que te lo pide, nunca te responsabilizará de su resultado.”

“La pasión es un plus que garantiza el éxito personal en cualquier proyecto.”

"Los bonitos vínculos creados en la infancia con tus hermanos, se mantendrán toda la Vida."

"La verdadera enseñanza llega cuando terminas el colegio y el mundo empieza a darte lecciones."

"Los cuentos que nos leen de pequeños, nos aíslan durante unos años de la cruda realidad."

"Mientras no sepamos interpretar las señales que nos envía el Universo, la civilización seguirá perdida."

"Las personas son como los regalos. No importa lo bonito que sea el envoltorio si dentro no descubres algo que te guste."

"Cuando dejes de pensar en cambiar tu vida y aceptes la que tienes, ella sola empezará a cambiar."

"Era tan poeta, que cuando le servían una sopa de letras, siempre dejaba en el fondo del plato un verso con mucho sabor."

"No pretendas buscar una razón a todas las cosas que suceden, y sí encontrar aquella respuesta que te haga continuar."

"Si al detenerte y girar 360 grados encuentras algo que te gusta, tendrás la certeza de estar en un buen sitio."

"Nunca sabes la finalidad de una pregunta inesperada, por eso siempre tienes que dar una respuesta meditada."

"Por muchos pisotones que recibas, un baile en pareja bajo las estrellas, siempre será romántico."

"Los bellos poemas, pasan de ser leídos a ser recitados a través de las generaciones."

"Puedes pasar la vida como una persona anónima, pero si tienes algo bonito que ofrecerle a la humanidad, tendrías que darte a conocer, porque esa es una de las razones por las que naciste."

"Muchos enigmas se resuelven cuando dejas de pensar en la solución y liberas tu mente para que siga buscando ella sola en libertad."

"Tirar la toalla cuando algo te va mal, te dejará desnudo frente al mundo."

"Es absurdo decir "SENTIDO COMUN", cuando vivimos en un mundo donde desconocemos cuál es el más común de los sentidos."

"El estrés nos hace vivir en un mundo lleno de relojes que marcan a la vez distintas horas."

"Muchas cosas que hacemos y pensamos que son inútiles, terminan siendo el inicio de algo útil que está por llegar."

"La Luna gira tranquila sabiendo que el hombre nunca llegará para quedarse en ella."

"Si cambiara tu forma de ser, se alejarían aquellos a quien gustabas, siendo sustituidos por otros desconocidos."

"De tanto dar el cante allí donde iba, terminó convirtiendo su vida en un musical."

“Una bala.da es una canción que se dispara con mucho acierto.”

“Cuando decimos que tenía sus razones para hacerlo, estamos justificando una razón que en el fondo no compartimos.”

“Los románticos son personas que utilizan los colores pastel para endulzar su Amor.”

“Las veces que miras el reloj, marca la diferencia entre estar aburrido o entretenido, porque en el fondo el tiempo siempre corre a la misma velocidad.”

“Cuando sientas que tu vida va a la deriva, busca una Estrella a tu alrededor, y ella te guiará.”

“Las personas que son tacañas en sonrisas, no pueden pretender que la vida les sonría.”

“Antes que temprano o después que tarde, pero nunca ya y ahora.”

“Un pensador nunca será una persona de acción, pero sí alguien que incite a otros a tenerla.”

DESBLOQUEA

Si quieres entrar en un mundo de belleza
deja fuera aquello que bloquea tu persona,

relaja el cuerpo y libera tensión acumulada
de instantes anónimos que te agarrotaban,

no pienses y deja tu mente libre de colores,
para que se pinte lo que tus sueños cuenten,

y sonríe al sentir correr ríos de bienestar,
cosquilleo que hace renacer tu nuevo ser.

Olvida las ataduras de días largos y feos,
dejándote llevar por instantes inesperados.

Quedándote ahora atrapado en melodías
de amaneceres donde solo tú protagonizas.

"Un hablazo es una demostración de afecto que se realiza a través de las palabras."

"Desde hacía tiempo todos los sabían, pero cuando alguien se atrevió a decirlo ya fue tarde."

"A veces dejamos ir cosas que creemos sin valor, y con el tiempo descubrimos que tenían un valor incalculable."

"Si quisiera dártelo lo tendrías, pero si todavía no lo tienes deberías vivir sin tenerlo."

"El motivo de tener un mal despertar, es haber tenido un peor sueño."

"Soy el que soy, ni el que la gente quiere que sea, ni el que yo desearía ser."

"Una vieja canción siempre abre la puerta de la nostalgia a través de bellos recuerdos."

"Cada día que pases persiguiendo un sueño alejarás el fantasma de la resignación."

"No deberías sufrir por el mañana cuando ese día ya dispondrás de veinticuatro horas para hacerlo."

"El ir a contracorriente te generará muchas críticas a no ser que triunfes."

"La admiración y la envidia crecen a partes iguales cuando alguien destaca."

"La suerte es un factor vital en cualquier ecuación de la vida."

Planeando

Vuelve a pedirme que lo empuje cada vez que miro el avión de papel junto a mi uniforme de piloto.

Recuerdo con qué ilusión nos preparábamos cada año para participar en el trofeo aeronáutico del barrio. Con sólo periódicos y un par de tijeras pasábamos muchas tardes fabricando nuestros prototipos. Mi madre nos miraba y nos reñía al ver nuestro comedor convertido en un hangar.

A veces reíamos cuando al empujarlo caía sobre nuestros pies o giraba como una bailarina, pero mi padre siempre anotaba en su libreta cada modificación. Él siempre me decía que sólo aprendiendo de nuestros errores podremos triunfar en la vida.

"Un libro es un paisaje de palabras por donde ha paseado su autor."

"Todo es más fácil si te pasas el día cantando y no quejándote."

"Era algo que se veía venir, sin embargo, sólo cuando lo vieron irse, se dieron cuenta que había estado."

"Sólo manteniendo todo aquello que te llevó al ÉXITO, evitarás salir por la puerta que indica EXIT."

"Las colonias fuertes hacen prisioneras a todas la narices que osan cruzarse por su camino."

"Intenta sumar siempre que puedas, ya que de no hacerlo, es posible que termines formando parte de una resta."

"Estamos tan sujetos al móvil, que sin él nos hacemos inmóviles."

"Nunca le des la razón a quien se crecerá con ella para humillar a los que no la tienen."

"Soy igual de viejo que aquella canción que escuchaba tararear a mis padres mientras me acunaban."

"A veces negamos una certeza sólo por miedo a no saber afrontar su verdad."

"Si quieres ser una persona extraordinaria para el mundo, empieza por serlo en el lugar donde vives y con las personas que te rodean."

"Nunca dejaremos de ser animales primitivos por mucha tecnología que manejemos."

"La vida es el tiempo que tienes para demostrar cómo quieres que te recuerden."

“La mayoría que nadaron a contracorriente, nos cambiaron la vida sin que nos diéramos cuenta.”

“La evolución y el envejecimiento son imperceptibles de un día para otro.”

“Si la alegría va por barrios, no tengo inconveniente en mudarme tras ella.”

“Si tratas de enlazar el ESPACIO existente en UN VERSO, asomara el UNiVERSO.”

“La sonrisa es la mueca más bonita que conservamos desde que nacemos.”

“La Vida, es la lectura que hacemos del diario que escribimos antes de nacer.”

“Si intentas gustar a todo el mundo, terminarás siendo una persona Insulsa.”

“Los líderes que no evolucionan en el tiempo, terminan siendo derrotados por sus propias creencias.”

"Ir a-marte es un viaje más placentero que ir a la Luna."

"No sé de dónde vinimos ni a dónde vamos, pero mientras estemos intentemos crear una bonita huella."

"Las habladurías sólo afectan a personas que tienen más desarrollado el oído que su propia personalidad."

"Cuando se reúnen dos personas poco habladoras, es el silencio quien toma la palabra."

EL ENCUENTRO

La encontré un día cuando era mayor,
de niño pregunté por ella sin éxito,

por fin me presenté a mi alma
y con una sonrisa me recibió,

le conté todas mis vivencias
y de escucharme se emocionó,

luego nos emplazamos en el tiempo,
para seguir conversando a ratos,

y mientras llegara ese nuevo encuentro,
disfrutar de mi historia, que es la suya.

“Una habitación llena de libros reúne más aventuras que un pasaporte lleno de sellos.”

“Las manecillas de un reloj, fraccionan el tiempo en suspiros de vida.”

“La gente que triunfa sin entrenar, termina fracasando al no tener el gen del esfuerzo.”

“La imaginación que nace dentro de nosotros, siempre mantiene la frescura de la juventud.”

"Nuestra vida en la tierra es sólo una prueba que hay que superar para llegar a una Estrella."

"Si te asomas todos los días a la ventana, veras el mismo trocito de mundo que te está mirando mientras envejeces."

"La vida pasa en un columpio donde subes y bajas sin dejar de impulsarte para que el viaje no termine."

"Al enamorarte conviertes tu corazón en una galería de arte, donde exponer cada bello momento que vives."

"Las personas que no destacan en nada, se han pasado la vida destacando por no destacar."

"Es más fácil asumir que te equivocaste en el pasado, que intentar borrar del recuerdo lo vivido."

"Hay escenas que pasan a cámara lenta por nuestra mente, y otras lo hacen tan rápido que ni siquiera las recordamos."

"A través del aire que mueve una persona cuando se acerca, puedes saber si se aproxima una tormenta."

"Lo que soñé de joven el tiempo se lo llevó, pero a cambio me acercó sueños perdidos de otros, a los que ya nunca renunciaré."

"La verdad tiene muchas caras, y si defiendes la tuya con la vida te puede salir muy cara."

"Hay gente que hace estudios de todo, mientras otros son estudiados por todo lo que hacen."

"Cuando eres capaz de transmitir belleza, no importa si pintas con palabras o escribes con dibujos."

"Las personas que miran a los demás a través de una lupa, nunca apreciarán su verdadera grandeza."

"Las sonrisas nacidas en juegos, desaparecen cuando dotan al ganador con un premio."

"No podemos pensar que una frase no encierra un gran poder literario, cuando cualquier obra está compuesta por cientos de ellas."

"La gente que alardea de conocerse a sí misma, termina siendo desconocida ante situaciones extremas."

"Nunca llegaré a donde otros llegaron, pero allí donde llegue tampoco lo harán otros."

"Los sueños nunca cambian el pasado, pero siempre ilusionan el futuro."

"El corazón es una caja de música que hace sonar su melodía, cuando los bellos sentimientos aceleran sus pulsaciones."

"Cuando una cosa te lleva a otra, siempre tienes que respetar el orden para no tener que volver hacia atrás."

"Era una persona tan mister.i.osa que reinaba entre los plantígrados."

"El que consigue atrapar del Universo sus bellas palabras, posee en su escritura los colores del infinito."

"Cantar lo que es cantar poco, pero encantar a la gente lo llevaba de nacimiento."

"Los terrícolas somos los más ignorantes de la Galaxia, pero a la vez los más soñadores."

"Todos tenemos un movimiento de baile que nos acompaña toda la vida y nos hace únicos en cualquier pista de baile."

"Era una persona que siempre miraba a los demás desde arriba haciendo que se sintieran pequeños, pero no era un defecto y sí una cualidad que le permitió triunfar en el baloncesto."

"Es fácil unirse a días grises y tristes, pero qué necesidad tienes cuando naciste pintor de bellos paisajes."

"Las personas que son muy fantasmas nunca habitarán en mansiones encantadas."

"El perfume de días soleados, impregna de vida aquellos rincones olvidados por el frio."

"Cuánto más alta sea la montaña que asciendas, más insignificante te sentirás en la cima."

LA VIDA

La vida siempre se presenta de distintas formas,
viajera de almas se acercó para nacer en la tierra
y descubrir su belleza a través de Soles y Lunas.

La vida es sorpresa, imprevisible y con mensajes,
reír, llorar, aúna todos los estados emocionales,
pero mantiene una luz que llega desde el infinito.

La Vida son ratos, instantes, trocitos de tiempo,
entre atardeceres, amaneceres y bellas noches,
pintando de colores ilusiones que acariciamos.

La Vida son Rosas, tréboles, y algunas hierbas,
Amor, y desamor comparten en lucha su destino
en un teatro que cada día sube el telón por ella.

La Vida lo es todo y es magia para quien la mima,
sin ella seriamos viento, con ella somos música,
y solo ella es inspiración para componer rimas.

La Vida nunca termina porque más allá es Estrella,
y siempre nos mira desde su cercanía más lejana,
esperando el momento para regalarnos de nuevo,
LA VIDA

"Del tenía que saberlo, al me pasa por preguntar, sólo media una respuesta."

"Todos llevamos al nacer una Estrella prestada que un día devolveremos al Universo."

"Un buen libro es aquel que te hace olvidar tu vida mientras acompañas a sus protagonistas."

"Si todo el Universo está en movimiento, no puedes quedarte parado esperando a que algo bueno te suceda. MUEVETE. "

"La vida es tan corta que ni siquiera tienes tiempo para aprender a vivirla."

"Es más fácil recordar el sonido de la risa de quien te hacía reír, que el color de sus ojos."

"Tenía una sonrisa que enamoraba, pero no lo suficiente para camuflar sus defectos."

"Si recuerdas lo que soñaste de joven, descubrirás que aquellos sueños todavía siguen contigo."

"Las lágrimas derramadas por alguien, son gotas de vida que harán crecer bajo tus pies un mundo distinto al que conocías."

"Si finges que algo no te importa, necesitarás el doble de lo que sientes para recuperarlo."

"La vida es un hechizo del qué despertamos un día, sin entender por qué y para que fuimos los elegidos."

"Las arrugas en un rostro reflejan la belleza de unos años que se fueron dejando su huella."

"Nunca nadie apostó por mí, y esa fue la única fuerza que necesité para triunfar en la vida."

“Hablar del tiempo en un ascensor, es un viaje a través del tiempo.”

“Si en una primera cita no consigues ser tú mismo, no tengas una segunda cita, porque tendrá que ir de nuevo quien no eres.”

“La pobreza vive en las personas que no saben encontrar la riqueza de su existencia.”

“Los bellos recuerdos los coleccionamos en una caja de música que sólo abrimos en la intimidad.”

"Un inventor lo es por imaginar cosas diferentes aunque sean inservibles."

"Escribir me ha descubierto un mundo de ficción que corre en paralelo a mi realidad."

"Si defiendes con tu vida una verdad, puedes terminar siendo un difunto mentiroso."

"No importa las veces que tengas éxito o fracaso, solo importa que esa combinación la termines con éxito."

"Los ojos son dos espejos que reflejan todo lo que ven. Cuando los veas brillar es porque están mirando una Estrella."

"La Sol.edad es el tiempo de vida que pasamos en compañía del Sol."

"Muchas cosas que anhelamos se encuentran camufladas a nuestro alrededor sin que las veamos."

"Quisiera que me quieran igual que yo quisiera quererlos como ellos quieren ser queridos."

"El atrevimiento es un impulso que puede convertir nada en todo o todo en nada."

“La belleza de una Vida se refleja en la mirada de quienes la comparten contigo.”

“El WhatsApp nos ayuda a estar más comunicados, aunque cada vez hablemos menos y escribamos peor.”

“Pintaba tan mal que cada uno de sus cuadros valía una fortuna en el arte abstracto.”

“Si al avanzar por la vida ves algo que te gusta, deberías detenerte y dedicarle un tiempo hasta descubrir si has llegado al final del viaje.”

"Hay tantas cosas que mejorar en el mundo que es difícil saber por dónde y cómo empezar."

"Vivimos en un mundo donde los deportistas son más admirados que los científicos, a pesar de que estos últimos te pueden salvar la vida."

"Hay gente que nunca dejará que le adelantes, por mucho que sepan que ya perdieron su velocidad."

"Siempre visto a la última moda de años que no son el que estoy viviendo. "

"Qué rápido pasamos de girar alrededor de nuestros padres a ser nuestros hijos los que giran a nuestro alrededor."

"Tropezar con la misma piedra es fácil si siempre coges el mismo camino."

"El único aplauso creíble es el de la primera persona que en silencio se levanta para aplaudir."

"Cuando dejes de pensar en algo, el Universo te enviará señales para recordártelo."

“La rosa que crece en un vivero de bonitos sentimientos, siempre tendrá la belleza de sus jardineros.”

“Estoy tan radiante que mi sombra se ha vestido con un traje de luces.”

“Poseía toda la colección de sentimientos, pero le faltaba el atrevimiento para dejarlos libres.”

“Era una persona tan normal, que se sentía extraña en un mundo donde la gente se inventa rarezas para llamar la atención. “

“Nunca dejes que alguien sin talento ponga precio al tuyo.”

"Cuando perdemos las cosas que creíamos que no tenían valor empiezan a subir de precio."

"Dentro de ti vive un niño que apenas recuerdas, pero si lo llamas, se asomará para jugar."

"Mi vida pasará desconocida para la mayoría de la gente, sin embargo intentaré que sea imborrable para aquellos que se crucen en mi camino."

"A los sabios que defienden sus ideas, les llaman locos aquellos que no las tienen."

"Hay que ser valiente para coger un camino de piedras pensando que con el tiempo las convertirás en gravilla y luego en arena, donde tumbarte bajo el sol y sonreír."

"Cómo no vamos a competir, si las nubes lo hacen por perderse en el horizonte y las olas por llegar a la playa. "

"Para escribir sentimientos hacia alguien sólo es necesario una hoja, un lápiz y muchos pañuelos."

"Los locos diferentes son los únicos cuerdos para cambiar el futuro."

"Los aplausos que recibas te harán levitar del suelo, a no ser que tengas los bolsillos llenos de humildad." ·

"Cuando a una frase le inyectas sentimientos la transformas en un verso y con Amor en un beso."

"La alegría ríe mientras la tristeza llora, aunque en ocasiones lloramos de alegría y reímos estando tristes. "

"La Sonrisa es la energía que genera más colores a través de la mirada."

EL REGRESO

Vuelvo a escribir después de un tiempo,
de nuevo la tinta corre por mis venas
y el azul de mis ojos brilla de la emoción.

Mis versos viajan dentro de un laberinto
donde sin brújula intentan encontrar salida.

Hoy vuelvo a escuchar melodías que inspiran,
Anocheceres donde sólo la Luna me ilumina.

Hoy he vuelto para quedarme un rato,
no sé cuánto, ni en qué cuento,
pero un día me encontrarás en un libro,
y sabrás que hoy de nuevo todo comenzó...

“Todos nacemos libres para ser domesticados por una sociedad regida por lobos.”

“En un libro de misterio, el autor te va dando pistas sobre un tesoro escondido que tendrás que descubrir.”

“Cuando todos creen en ti, te están generando un esfuerzo extra para que tú también creas.”

“La única forma de superar un miedo, es enfrentarte a él a sabiendas de poder ser vencido.”

"Si los pequeños detalles importaran sabríamos si la manzana que mordió Eva era Fuji o Granny Smith."

"Los días son amaneceres, atardeceres y anocheceres, combinados con Soles, vientos y lluvias."

"Cuando luchas por cambiar algo y no lo consigues, terminas siendo tú el que cambia."

"El equivocarte muchas veces te llevará al mismo sitio que el acertar a la primera, aunque el tiempo que emplees será diferente."

"Aunque vuelvas por los mismos pasos que te alejaste, ya nunca encontrarás lo que dejaste."

"Mis hijos tienen la sonrisa más bonita del Universo, incluso cuando están serios."

"Dedicar el tiempo libre a la lectura, es una decisión que conlleva mucha sabiduría."

"Vivimos en un mundo donde se le da más voz a personas que tienen poco que decir, que a la gente sabia que es aplaudida en silencio."

"Lo que te enseñan de pequeño son las enseñanzas de otros. La Vida es tu único aprendizaje."

"Un contador de cuentos es una persona que hechiza un lugar con el poder de las palabras."

"Perdemos parte de nuestro presente preocupándonos por cosas inciertas que están por venir."

"A veces olvidamos que nosotros seriamos extraterrestres en cualquier otro lugar del Universo."

"Si sólo quieres a una persona por aquellas cosas que te gustan, la estarás queriendo a tiempo parcial."

"La libertad se nos supone al nacer, pero se nos niega al crecer. "

"Con el tiempo llegas a la conclusión de que las personas son el más valioso descubrimiento de la Vida."

"Los emprendedores son gente valiente que no piensa en una sociedad donde no se tiene piedad del fracasado."

"El que miente le enseña a su mente un camino peligroso que ya nunca abandonará."

"Hacia tantas veces el ridículo provocando risas, que terminó haciendo de ello una forma de ganarse la Vida."

"Si quieres sobrevivir en un mundo tan poblado, tienes que aprender a competir."

"Un Diamante, no deja de ser una piedra en al camino donde poder tropezarte. "

"La mirada tiene la dimensión de un Universo enigmático que te atrapa."

"Tenía tanta facilidad de palabra, que cuando terminaba de hablar los oyentes se habían quedado dormidos."

"Los verdaderos sentimientos son más eternos que la Vida."

"Nunca alimentes la tristeza e ignórala si quieres que te abandone."

"Las personas que miran a su pareja a través de sus virtudes, consiguen una convivencia más fácil."

"La mayoría de la gente que habita el mundo, nunca te recordará si durante la vida no haces algo extraordinario."

"Es-tu-día pensó mientras se acercaba la hora del examen."

"Lo que tiene que pasar sucederá por mucho que te pases la vida evitándolo."

"La repetición de una cosa te convertirá en un experto, pero solo su evolución te hará ser un referente."

"La energía positiva hay que salir a buscarla cada mañana con determinación."

"Las malas intenciones crecen en gente infeliz que envidian la vida que tienen otros."

"Lo importante de ganar o perder es hacerlo siempre con tus convicciones."

"Cuando eres pequeño, trepar a un árbol es igual de emocionante que viajar a la luna."

"Los valientes nunca piensan en un fracaso que sólo ven los que viven en su zona de confort."

"Las veces que te equivoques para llegar a un lugar, harán de tu viaje una aventura."

"La Vida es un juego de mesa lleno de sorpresas, donde tienes que ir avanzando esquivando las trampas y utilizando el comodín de la ayuda para llegar a la meta."

"Todo el mundo tiene miedo, pero no de las mismas cosas ni situaciones."

"La Vida pasa tan rápido que cuando te das cuenta estás viviendo el tiempo extra."

"Alcanzar las Estrellas sólo es posible si eres astronauta y dispones de un cohete."

"Cuando te pasas la vida improvisando no necesitas llevar reloj."

"El entrenamiento es el factor determinante que te alejará del fracaso."

"Hoy es el ayer del mañana y no lo volverás a vivir, así que si quieres tener un buen recuerdo disfrútalo."

El bosque espiritual

El bosque estaba ahí, esperándome cada día sin importar el tiempo que pasara.

Desde la ventana lo miraba y le oía pronunciar mi nombre hasta sentir una atracción desconocida, que me impulsaba a querer recorrerlo sin saber que encontraría entre sus penumbras.

En ocasiones me parecía ver sombras camufladas entre las ramas de sus árboles, otras veces escuchaba sonidos que no sabía identificar y menos repetir, pero que erizaban mi piel encogiéndome frente a la chimenea.

No fue una buena idea alquilar una cabaña perdida para escapar unos días de la ciudad y buscar mi paz espiritual.

Podría decir que fueron algunos conocidos quienes en alguna conversación alimentaron mi lado más naturalista, o quizás fui yo el que se creyó más valiente de lo que en realidad era, pero al final fue una experiencia que me enseñó a valorar el asfalto, en días de mucho estrés.

"Puedes sentirte un triunfador, pero será la sociedad quien te otorgará esa etiqueta."

"La Luna es la única compañía fiel a noches solitarias llenas de nostalgia."

"Si quieres dedicarte a otra cosa, piensa en el tiempo que llevas haciendo lo mismo y lo que tardarías en perder la ilusión por lo nuevo que quieres empezar."

"Los grandes descubrimientos vienen a veces precedidos de pequeñas casualidades."

"Nunca seré el mejor en nada pero tampoco el peor, ya que intentando progresar encontré un sitio intermedio para triunfar a mi manera."

"Cuando más grande sea el paisaje que admiras, más alta será la montaña que has escalado."

"Un nostálgico se queda atrapado en el ayer, un realista vive el hoy y un soñador espera el mañana."

"Por mucho que busques a tu alrededor nunca encontrarás una versión tan auténtica como tú."

"Una tormenta de Amor descarga todos los besos que lanzamos en la distancia."

"Cuando estás cerca de terminar un proyecto, la presión aumenta a la vez que la emoción."

"Los ríos de Vida siempre se abren paso a través de paisajes urbanos para dejar su legado."

"Siempre recuerdas con Amor a las personas que se empeñaron en hacerte la vida más fácil."

"Los únicos planes que tienes que anotar en una agenda son los que has vivido durante todo el día."

"Cuando crees pensar igual que el resto de la gente, terminas pensando lo que no piensas."

"De pequeños nos creemos todo, de mayores casi nada."

"Mientras la pobreza aumenta las probabilidades de morir, la riqueza multiplica sus posibles formas."

"Si al acostarte hicieras una lista con las cosas que has hecho, el tiempo que has empleado y lo que has sentido mientras las hacías, al día siguiente tu vida mejoraría."

"La Vida es una cuenta atrás de tiempo, donde todos los estados emocionales consumen los mismos minutos."

"La economía es el virus más letal contra el que tiene que luchar la humanidad."

"Cuando te sientas mal por no saber de qué hablar con gente desconocida, piensa que a ellos les sucede lo mismo contigo."

"Hay un desorden provocado en el mundo sólo para beneficio de unos cuantos."

"El día que aparezca un líder capaz de unir a todos los pobres del planeta, se declarará la tercera guerra mundial."

"Si intentas ser sincero con las personas que te rodean, éstas siempre te respetarán a pesar de no gustarles a veces tu discurso."

"No quiero tener más suerte de la que necesito para que mi trabajo no pase desapercibido."

"Todo resulta más difícil cuando estás más pendiente de los obstáculos que del propio camino."

"La vida pasa tan rápido que no tienes tiempo para girarte y ver la huellas que vas dejando."

"Todo lo que gané aprendiendo, me lo gasté luego enseñando."

"Hacer una fotografía es inmortalizar el instante más reciente del pasado."

"Cuando una persona defiende que no ha cambiado, es posible que seas tú quien la mire con distintos ojos. "

"Nunca deberías envidiar lo que tiene otra persona, porque junto a lo que envidias seguro que hay cosas de esa persona que nunca querrías para ti."

"Observar a la gente, te permitirá saber cosas de ellos antes de conocerlos."

"Ningún escaparate te mostrará nunca cómo son de verdad los maniquís."

"Tenía que haberlo hecho antes de que sucediera pero entonces nunca hubiera pasado. "

"Cuando Cupido se equivoca, es posible que en vez de flechazo sientas rechazo. "

“Cuando las instrucciones no son claras, el resultado lo es todavía menos.”

“Nunca recuerdes lo mal que lo pasaste porque entonces volverás a sentir dolor.”

“Cuando haces una excepción, rompes las normas en beneficio de unos pocos.”

“Siempre tienes que brillar como una Estrella, pues la llevas dentro aunque no lo creas.”

“Una Corazonhada es sentir como una varita mágica te toca para vivir un hechizo.”

“Hay gente que le gusta el Te, unos el rojo, otros el verde, pero mi preferido es el Te Soro, y cuando lo tomo contigo el Te Adoro.

“Pensar en ti, es el pasatiempo que más felicidad me genera.”

“Escribir cuando no tienes inspiración es igual de difícil que volar sin alas.”

BUSCA

Busca en tu interior lo que te hace diferente
y muéstralo a un mundo que siempre repite.

Saca ese lado desconocido que sabes que vive,
entre momentos donde solo para ti lo sientes,

y sonríe decidido de compartir única belleza
entre gentes que necesitan personas con alma.

Algo innato crece buscando salir del laberinto
asomando su luz al final de un largo camino,

Valentía de triunfar entre rarezas de otros,
estás cerca de dejar de ser copia de ellos.

Pero busca y nunca dejes de buscar en ti,
porque sólo entonces hallarás tu existencia.

"Por mucho arte que tengas, el miedo escénico puede mare-arte."

"El líder siempre intenta camuflar sus favoritismos dentro de un grupo."

"La cuenta del Amor sube cuando entregas más de lo que vales sin esperar que te devuelvan el cambio."

"Nunca dejes que una habladuría cambie el pensamiento que tienes hacia alguien."

"Cuando has triunfado y llegado a la cima, solo puedes pensar en cómo bajar sin romperte los huesos."

"Por muy raro que seas siempre habrá alguien que te entienda."

"En las redes sociales puedes pescar especies mucho más raras que en las profundidades del océano."

"No podemos pensar porque suceden las cosas, y sí asumir que suceden."

"El viaje que compartimos no tiene fin. Sólo paradas para coger aire, reflexionar sobre lo vivido y continuar juntos hasta una nueva Estación."

"Aquí termina lo que os quise contar,

no en adiós y sí en nuevo peregrinar

entre Universos de palabras perdidas,

para traeros de nuevo sus bellas rimas."

"Todo lo que os rodea es Poesía, sólo al alcance de vuestras miradas."

A MI QUERIDO LECTOR

Quizás el polvo en una biblioteca esconda su título,
es posible que sus páginas se peguen con el tiempo,
viviendo Anónimo y desconocido siempre su ocaso,

pero en él deposité secretos que la Vida me enseñó,
energía de escritores antiguos que siempre viajaron
más allá del tiempo perdurando la esencia del verso.

Pasado, presente y futuro, todo es siempre relativo,
como el placer de escribir en noches de tormenta,
y desayunar unas rimas en amaneceres llenos de Sol.

Para ti, mi único lector, agradecimiento de Corazón,
pues mis palabras nacieron como un bello regalo,
para quien comparte la belleza oculta de su interior.

www.ingramcontent.com/pod-product-compliance
Ingram Content Group UK Ltd.
Pitfield, Milton Keynes, MK11 3LW, UK
UKHW021910190726
13853UKWH00002B/609

9 788409 378364